TABLEAU

DE

LA DERNIÈRE CONJURATION

DE BUONAPÁRTE,

OU

LA FRANCE DÉLIVRÉE.

Par M.ʳ A.-Hippolyte De ROMAND.

Non odium metuens, iras gladiosque malorum,
Dummodò Borbonidæ regna paterna regant.

A PARIS,

Chez De la Tynna, Libraire, rue J. J. Rousseau,
N.º 20 ;

Et chez les principaux Libraires.

Aout 1815.

SOMMAIRE

DE L'OUVRAGE.

Élévation de Buonaparte. La guerre. — Sa chute. Abdication du 11 avril 1814. — Retour des Bourbons. La paix. — Conspiration. — Ancienne noblesse. — Propriétés nationales. — Droits féodaux. — Armée. Demi-solde. — Ordre de la Légion d'honneur. — Exécution du complot. — Apparition de Buonaparte sur les côtes de France. — La famille royale s'éloigne de Paris. — Buonaparte est mis hors la loi. — Il entre dans Paris. — Système qu'il dit adopter. — Il se contredit dès les premiers pas. — Droits réunis. — Acte additionnel. — Votes. — Champ-de-Mai. — Examen des principaux articles de l'acte additionnel. — Congrès de Vienne. — Ses actes touchant Buonaparte. — Aspect de la France après le 20 mars. — De Louis XVIII. — De Buonaparte. — La guerre recommence. — Bataille de Mont-Saint-Jean. — Fuite de Napoléon. — Vues hostiles de ses adhérens. — Définition du titre de grand homme. — Abdication du 22 juin. — Corps francs et fédérés. — Des termes et clauses de l'abdication du 22 juin. — Chambres des

TABLEAU

DE

LA DERNIÈRE CONJURATION

DE BUONAPARTE,

OU

LA FRANCE DÉLIVRÉE.

Napoléon Buonaparte (1); soldat audacieux, se montra sur la scène du monde avec un génie altier et entreprenant; mais sans noblesse de caractère, sans grandeur d'ame véritable, il n'eut aucune des vertus d'un héros. Profondément adroit à profiter des phases de notre révolution, à écarter ses rivaux, et à rattacher à son nom la gloire des armées françaises, il sut changer sa conduite et

(6)

son langage suivant les circonstances (*a*); couvrir ses desseins d'un impénétrable secret, et marcher à l'aide de triomphes ou de crimes à l'envahissement du souverain pouvoir. Général, il accourut du fond de l'Egypte (2) pour conspirer contre la République, renversa le Directoire, se fit consul, puis consul à vie, et empereur. Il s'empara du sceptre d'Henri IV en arrosant le marche-pied du trône du sang d'un illustre et vaillant rejeton de la tige royale (3). Il tyrannisa la France, bouleversa et ravagea l'Europe (4). Mais après avoir exécuté les plus étonnans forfaits politiques, après avoir épuisé les faveurs de la victoire, il souleva contre son ambition insatiable les nations dont il était la terreur.

Dans cette grande lutte, il commit les plus grandes fautes militaires. Les désastres effroyables de Moscou et de Leipsick ouvrirent aux armées étrangères les barrières de la France, et amenèrent jusque dans Paris les peuples du Caucase. Napoléon déchu abdiqua le 11 avril 1814, à Fontainebleau : il déposa les couronnes de France

Elévation de Buonaparte. La guerre.

Sa chute. Abdication du 11 avril 1814.

(*a*) Musulman dans Solyme et chrétien à Paris.

(Alzire, tragédie de Voltaire.)

et d'Italie, qu'il avait audacieusement placées sur sa tête. La magnanimité des potentats de l'Europe se manifesta dans ce grand
drame politique ; on épargna la vie de
l'homme qui avait sacrifié des millions
d'hommes à sa renommée : il eut l'île d'Elbe
en propriété pour exil perpétuel (5).

Alors, l'antique et vénérable dynastie des
Bourbons, regardée comme l'ancre de salut
qui devait fixer nos destinées, vint réconcilier la France avec toutes les nations du
monde. Louis XVIII, frère de Louis XVI,
monta sur le trône, aux acclamations unanimes des Français. Qu'il fut touchant et
magnifique ce cortège de tout Paris accompagnant de larmes d'amour et d'attendrissement Louis-le-Désiré jusque dans la
demeure des rois, ses ayeux (a)! Les cris
d'alégresse retentirent de la capitale aux
provinces, des provinces à la capitale, et
exprimèrent l'accomplissement des vœux
de toutes les populations (6). La paix,
ce bienfait si désiré, vint vivifier le commerce, l'agriculture et les arts, rendre la
tranquillité et le bonheur aux familles, et

Retour
des Bourbons.
La paix.

(a) Le 3 mai 1814.

donner un libre essor à nos goûts comme à nos facultés. Une charte constitutionnelle, appropriée aux lumières du siècle, régla sur des principes libéraux les prérogatives de la monarchie et les droits des citoyens. Cette charte détruisit la conscription et la confiscation, ces deux fléaux qui si long-temps avaient dévoré, englouti les générations et les fortunes. La sage liberté d'agir et de penser renaissait. On respirait enfin, après la longue agonie dans laquelle on avait été plongé par les tourmentes du despotisme le plus absolu qui ait jamais existé.

Conspiration.

Mais une année ne s'était pas encore écoulée, que de sourdes clameurs dirigées par des stipendiés et adhérens de l'homme de l'île d'Elbe, semèrent des germes de division dans les diverses classes de la société, pour parvenir à déprécier le gouvernement du Roi, tandis que la restauration, ou la transition du mal au bien, avait brisé les chaînes de la nation : mais les suppôts de la tyrannie ne divinisaient que le pouvoir arbitraire et la violence, et selon leurs vues les actes d'un gouvernement juste et paternel n'étaient que ceux de la faiblesse, dès qu'ils fermaient tout accès aux abus de la force, à la cupidité, et aux passions démagogiques.

Par un tissu de fables et de criminelles séductions, on excita l'indiscipline et le mécontentement parmi les troupes ; on égara les campagnes par les craintes du retour des dîmes et des droits féodaux, ces institutions à jamais tombées en désuétude, et incompatibles aujourd'hui avec la dignité d'un monarque français ; on alarma les citoyens sur l'irrévocabilité des ventes des domaines nationaux, et l'on répandit que l'ancienne noblesse avait exclusivement les faveurs de la cour.

Eh quoi ! tandis que la majeure partie des plus fidèles serviteurs du Roi était demeurée sans pensions, sans places, une nuée de personnages opulens sous Buonaparte n'avait-elle pas ajouté chaque jour par les bienfaits du Roi un peu d'or à celui qu'elle avait si étrangement amoncelé ? On se fût récrié bien autrement, si le Roi, au lieu d'être généreux envers ces personnages, les eût éloignés de son service ; et cependant, si cette résolution eût été prise, le Monarque aurait démasqué des traîtres, et ses graces accordées à des sujets d'une fidélité

toujours inébranlable, eussent au contraire
tourné au profit de l'État et de la sûreté
générale.

Propriétés na-
tionales.

Quant aux biens nationaux, la charte
en a sanctionné l'inviolabilité, et n'a point
été comme elle ne peut être violée : il y
avait donc loin de la peur d'une chose à
sa réalité, et il ne fallait que réfléchir
pour comprendre que des fortunes qui tiennent à plus de cinq millions d'acquéreurs
sont indestructibles.

Droits féodaux.

A l'égard du servage, de la corvée, de
la dîme, etc., etc., quelle absurdité de pré-
tendre qu'on voulût ressusciter de nos jours
les coutumes du 13.ᵉ siècle! La politique de
Mazarin n'a-t-elle pas, pour illustrer la
couronne, commencé la ruine de la féo-
dalité ? N'est-ce pas ainsi que peu-à-peu
les habitudes de la barbarie ont fait place
à un état social en harmonie avec l'indépendance de l'homme et la majesté des
rois ? Aussi, la charte (*art.* 71) n'accorde
à la noblesse que *des rangs et des honneurs sans aucune exemption des charges
et des devoirs de la société.* Que le peuple
juge sur des faits et non sur des bruits
mensongers, et il sera convaincu que sa

liberté ne peut être compromise. Les lumières du 19.ᵉ siècle ne rétrograderont pas, et les mœurs des temps féodaux sont à jamais léguées aux romans de la chevalerie. N'héritons de ces temps que les graces de l'urbanité française, qui nous ont donné le renom du peuple le plus policé. Nos manières semblent avoir pris un air de rudesse qui leur est étranger, et qui doit disparaître avec nos orages politiques.

Relativement à l'armée, il eût été rigoureusement juste, dans l'état de délabrement des finances, causé par les folles et gigantesques entreprises de Buonaparte, d'effectuer un licenciement considérable, en liquidant les retraites selon les réglemens ; et cela, par la même raison qu'on avait dû se résoudre à appliquer de grandes mesures d'économie aux autres branches des administrations du royaume. Eh bien ! on fit une exception de faveur pour l'armée ; on conserva tous les cadres en fixant la moitié de leur traitement aux officiers de tout grade mis en non-activité provisoire. Buonaparte avait-il donné une telle preuve d'attachement aux soldats français ? non, assurément. Il les gardait tant qu'ils pouvaient faire leur service et lui être nécessaires, et il ne permit jamais à aucun d'aller avec une demi-solde jouir de quelque repos dans ses foyers.

Mais le souffle de la malveillance, qui empoisonne tout, osa insinuer aux soldats qu'ils étaient regardés comme des vaincus et des rebelles, eux dont la gloire avait tiré des larmes d'admiration des descendans d'Henri IV, eux que le Roi avait pour la plupart rappelés de la captivité et des déserts de la Sibérie, où ils languissaient par la cruelle extravagance d'un homme impitoyable, eux enfin que le Roi portait dans son cœur, en leur départissant l'amour d'un père à ses enfans.

Ordre de la Légion d'honneur.

La malveillance se permit encore de dire que les croix de la Légion d'honneur étaient trop indistinctement prodiguées (7), et que les pensions étaient supprimées. Oubliait-on que l'institution de la Légion d'honneur était pour toutes les classes de l'Etat ? Quelle présomption ou quelle jalousie de vouloir approprier spécialement à l'armée cette récompense ! Tous les courages, toutes les vertus, tous les beaux faits, n'existent-ils que dans la carrière des armes ? Quant aux pensions, elles étaient confirmées par le gouvernement à tous ceux qui en avaient obtenu. On ne disposait que pour l'avenir, en les réduisant ou en les supprimant : on ne commettait donc aucune injustice.

Mais ces raisons palpables, victorieuses, on les dénaturait ; on ébranlait les esprits par les plus odieuses suggestions ; on paralysait le zèle bien intentionné, et des embûches perfides vinrent jusqu'à circonvenir les conseils mêmes du Souverain. On vit un maréchal, protestant de sa fidélité, courir à l'heure du danger se jeter aux pieds du Roi pour lui offrir de sauver l'Etat, en obtenir de l'argent et des troupes, et de là aller arborer l'étendard de la trahison. D'autres hommes, non moins indignes de leur rang, écartèrent tout-à-coup le rideau derrière lequel ils avaient tenu leurs conciliabules sacrilèges, et montrèrent à découvert leur front hideux. Laissons à l'opinion publique, aux lois et au burin de l'histoire, à révéler tous les noms de ces conspirateurs, dont les manœuvres ourdies dans le cabinet mystérieux et profanateur de Porto-Ferrajo, préparèrent et firent éclater le mouvement de l'insurrection. Ce fut ainsi qu'au signal

convenu , Buonaparte se reposant sur le succès le plus criminel, rompit le traité qui lui
avait donné la vie, quitta furtivement l'île
d'Elbe le 26 février dans la nuit, et débarqua
le 1.er mars à Cannes, en Provence, avec
une poignée de soldats. Le 6, l'un des complices placés sur son passage lui ouvrit les
portes de Grenoble , et bientôt les grands
fauteurs de l'imposture, électrisant et trompant l'armée par des prestiges et des mensonges (8), la firent se précipiter au-devant de l'homme qui avait joué à Dresde (9)
et voulait jouer encore le salut de la France.

Que pourrait opposer à ce débordement
soudain , à ce crime imprévu , la royale
famille des Bourbons? une armée levée dans
toutes les gardes nationales de France. Mais
cette organisation en butte à la malveillance,
et qui exigeait du temps, fut presque impraticable. Le génie du mal , échappé d'un
rocher de la Méditerranée , et tenant d'une
main le glaive et de l'autre la torche des furies révolutionnaires , s'était avancé dans sa
course rapide jusque vers la capitale. Le
Roi, avec sa cour fidèle , dut chercher un
refuge sur le sol étranger. Mais ce bon monarque, dans la sollicitude de son ame navrée

des douleurs de la nation, choisit la ville la plus rapprochée des confins du royaume, pour que sa voix paternelle pût encore se faire entendre des Français ses enfans, et les soutenir dans l'adversité. Louis XVIII fixa sa résidence à Gand. Ce fut là l'asyle de la patrie, le foyer de l'honneur et l'abri, de la vertu.

Toutefois, dans le Midi, à l'Ouest, et dans les lieux sur lesquels le génie du mal n'avait pu d'abord planer, des populations entières coururent aux armes, et voulurent combattre pour la sainte cause de la dynastie des Bourbons.

On vit l'auguste fille de Louis XVI, cette princesse que ses hautes vertus et sa résignation dans l'infortune des temps nous ont rendue si chère et si précieuse, paraître en héroïne à la tête des habitans de Bordeaux, pendant que la vaillance de son illustre époux le duc d'Angoulême ralliait dans Marseille au panache d'Henri IV les défenseurs du trône légitime, et arrêtait par des prodiges de valeur les foudres du tyran.

Mais Bordeaux et Marseille vinrent à tomber aussi dans les fers de Buonaparte, et les

habitans de ces deux belles cités royales ,
plongés dans l'oppression et dans les larmes ,
virent avec l'angoisse de la douleur les preux
et nobles héritiers de la couronne de France
obligés de s'éloigner encore de la terre
natale.

Honneur aux braves défenseurs qui n'ont
point été parjures envers la patrie et le trône !

Honneur à ces chevaliers français qui se
sont joints au-dehors au cortège de Louis !

Honneur aussi à ces hommes courageux
qui au-dedans ont opposé leur opinion et
leur conduite aux progrès de l'usurpation !

Buonaparte , dans la conjuration du 18
brumaire an 8 , avait été mis hors la loi ; il
le fut également au 6 mars 1815 : car tout
individu qui attente au gouvernement fondé
sur les lois d'un pays , est digne du dernier
supplice.

Mais , victorieux dans sa conjuration
contre le Roi et la France , Buonaparte arriva à Paris le 20 mars à neuf heures du soir ,
et reprit le titre d'empereur. Sa vue fit sur
les êtres pensans l'effet de la tête de Méduse.
Tous les honnêtes gens de la capitale furent
dans la consternation , et maudirent son retour. Il monta aux Tuileries comme un

soldat qui par surprise et à la faveur des ténèbres s'introduit dans une place.

Cependant il ne put se dissimuler que la
force des bayonnettes n'était pas propre à lui
concilier les esprits , et que son nouvel envahissement du pouvoir devait rappeler le
joug de fer que pendant dix ans il avait fait
peser sur la France. Il crut donc capter les
applaudissemens de la nation en réveillant ,
comme à l'aurore de la révolution , l'enthousiasme exalté des idées de liberté , et en
professant hautement l'intention de gouverner par les lois.

Système qu'il dit adopter.

Il publia qu'il abolissait la noblesse (*a*) ;
mais, sous de vagues dénominations , il conserva les titres et prérogatives qui émanaient
de sa puissance (*b*). Le peuple , en général

Il se contredit dès les premiers pas.

(*a*) Décret de Lyon, du 13 mars. Par d'autres
décrets il cassa tout ce qui avait été sagement fait
en 1814 ; mais il eut l'adresse de maintenir les
qualifications de *lieutenant-général* et de *marechal-de-
camp* , qui flattaient l'armée. (*Décret du 22 mars.*)

(*b*) Par décret du 24 mars, il remit en vigueur
son conseil du sceau des titres. Il voulait que la
nouvelle noblesse fût la seule de l'État. La charte
a été plus libérale : la nouvelle et l'ancienne noblesse ont été adoptées (*art.* 71).

facile à tromper, ne prit point garde à cette incohérence de choses : il crut qu'on lui disait qu'il n'y avait plus de nobles, et les perturbateurs et les gens sans aveu commirent des excès contre tout le monde ; car le plus simple individu était qualifié noble dès qu'on voulait lui nuire. N'était-ce pas l'anarchie substituée à la liberté ?

Faisons, en passant, une réflexion sur la noblesse. C'est une distinction qui imprime un caractère ineffaçable sur celui auquel elle est conférée, et sur sa postérité : tel est le type particulier et respectable de cette institution utile dans un État monarchique. Aussi, malgré les arrêts des assemblées révolutionnaires, l'opinion publique a immuablement honoré et reconnu l'ordre de la noblesse. Il est assurément nombre de personnes recommandables par leurs vertus, leurs services, et même par des actions héroïques, qui ne sont point nées dans le corps nobiliaire ; mais ces personnes n'en jouissent pas moins de leur réputation méritée et des bienfaits du prince. Sous Louis XIV et ses successeurs, on peut citer des maréchaux, des ministres, des hommes d'État, qui ne faisaient pas partie de la noblesse, et

qui ne l'acquirent que dans leur élévation :
tels sont les Fabert, les Dugay-Trouin, les
Jean-Bart, les Colbert et beaucoup d'autres.
La noblesse d'ame, l'éducation, voilà ce
qui honore personnellement chaque citoyen,
et ce qui peut le faire parvenir aux places les
plus éminentes. Aussi, la charte constitutionnelle (*art.* 3) rend tous les Français
*également admissibles aux emplois civils
et militaires.*

Buonaparte savait que le mode de per-
ception des droits réunis, impôt établi par
lui, irritait le peuple : il supprima quelques
exercices vexatoires ; mais il augmenta le
tarif des licences, en sorte que le trésor
gagna même à cette réforme. Voilà comment,
en apparence, il sembla soulager le peuple,
tandis qu'au fond il le surchargeait.

Le Roi, au contraire, dont la sollicitude
vraiment paternelle ne voulait pas prendre
de ces mesures factices qui ne calment qu'un
moment la multitude, avait promis de faire
de grands changemens dans cet impôt, dès
que l'état des finances le permettrait. Parce
que cette espérance n'a pu se réaliser promp-
tement, on s'est plaint : telle est cette tur-
bulence inquiète, qui veut jouir sans retard

des biens qu'elle entrevoit, et qui ne sait rien attendre du temps et de l'amélioration des choses.

Acte addition-nel. Enfin, par l'une de ces jongleries si fécondes dans la vie de Buonaparte pour en imposer aux peuples, il convoqua une assemblée sous le nom du *Champ-de-Mai*, et y fit proclamer l'acceptation d'un *acte additionnel* à ses constitutions.

Nous rapporterons ici ce passage remarquable du manifeste donné à Gand le 24 avril dernier :

« Méfiez-vous, disait le Roi aux Fran-
» çais, de ces rôles qu'on voudrait vous
» assigner dans la parodie de ces assemblées
» qui jadis attestèrent la liberté sauvage de
» vos ancêtres, mais dont le spectacle dé-
» risoire n'a pour but aujourd'hui que de
» vous rendre la proie du plus vil et du
» plus odieux esclavage, entre le despo-
» tisme anarchique et la tyrannie militaire.
» Sans doute si c'était une chose possible
» que les élections fussent nationales, les
» scrutateurs fidèles et les voix libres, le
» nouveau Champ-de-Mai ferait disparaître
» l'illégalité de son principe dans la loyauté

» de son vœu. Son premier cri serait une
» nouvelle consécration de cette alliance
» jurée, il y a neuf siècles, entre la nation
» des Francs et la maison royale de France,
» perpétuée pendant neuf siècles entre la
» postérité de ces Francs et la postérité de
» leurs rois : la vraie nation française ne
» voudra jamais ni parjurer ses ancêtres,
» ni se parjurer elle-même. Mais Buona-
» parte a déjà écarté les nationaux en ap-
» pelant ses satellites ; il a déjà compté
» les votes quand aucun vote n'est encore
» émis. »

L'acceptation de l'acte additionnel était physiquement contestable. On rapporta en effet qu'environ un million et demi de votes avait été relevé et vérifié sur des registres, et que la majorité avait adopté l'acte additionnel. Mais il en eût fallu retrancher les votes de l'armée, qui, d'après une subversion de tous les principes, avait été appelée à délibérer ; mais la publication officielle des noms des votans par chaque département, eût été seule une preuve irrécusable (10). En second lieu, qu'était-ce qu'un million et demi de citoyens sur vingt-huit millions que contient la France ?

Votes.

En réduisant ce nombre même à plus de moitié pour présenter les hommes habiles aux actes de l'état civil, il en résultait qu'au moins dix millions de Français n'avaient pas voté. Or, pouvait-on préjuger que leur silence était approbatif ? non sans doute. On n'en fit donc aucun cas ; on ne compta pour rien dix millions d'hommes raisonnables. L'émission des votes ne fut enfin qu'une formalité d'apparat, qui n'a pu produire d'effet que sur les gens faibles ou d'un jugement faux. Ainsi, malgré même l'aveu authentique qui fut fait, qu'onze départemens et plusieurs régimens n'avaient pas encore fait parvenir leurs registres, on n'en procéda pas moins à la cérémonie triomphale du Champ-de-Mai.

Champ-de-Mai.   Elle eut lieu à Paris le lundi 1.er juin, au milieu de cinquante mille bayonnettes, dans l'emplacement nommé Champ-de-Mars, vis-à-vis l'Ecole-Militaire. Buonaparte et ses frères Joseph, Lucien et Jérôme, y figurèrent dans l'attitude de ces princes dramatiques revêtus de tout le fardeau de la pourpre théatrale. Après un long et véhément discours de l'un des députés des colléges électoraux, le chef des hérauts d'armes annonça que *l'acte additionnel aux constitutions de l'Empire avait été accepté par le peuple français :* il ne donna pas même lecture publique de cet acte, que signa et jura Buonaparte. Le bruit du canon, la distribution des étendards, les évolutions militaires, les ondulations des plumets, la riche variété des uniformes, telle fut la superbe représentation qui amusa et étourdit les spectateurs. Des feux d'artifice, des illuminations, des divertissemens furent ordonnés trois jours après, et éblouirent et enivrèrent encore un moment les esprits : aisément le vulgaire se laisse séduire par la pompe et l'éclat ; mais les êtres pensans discernent si les réjouissances sont d'accord avec le bonheur public et l'opinion générale. Or, le cri de la France était foudroyant pour Buonaparte.

Considérons les articles les plus marquans de l'acte additionnel.

L'article 3 énonçait que la pairie était héréditaire. Napoléon en établissant un contrepoids de son autorité, semblait faire la plus grande concession à ses anciens erremens. Mais qu'est-ce qui l'y détermina ? son propre intérêt dans sa position. Sans cet engagement, il ne pouvait plaire à ceux qui l'avaient secondé : avec cette récompense de la pairie, il se ménageait les suffrages, ou plutôt il s'en assurait la pluralité en payant la servitude de ses courtisans. Il ressaisissait de la sorte insensiblement son sceptre de fer pour nous subjuguer.

L'article 64 permettait la liberté de la presse. La liberté de la presse sous Napoléon ! c'était des armes qu'on vous offrait pour les faire tourner contre vous, et vous ensevelir dans un cachot.

Cet homme de la tyrannie ne put d'ailleurs se plier, même en apparence, à faire abnégation des deux grands moyens arbitraires qui, selon ses farouches caprices, mettaient dans ses mains la vie et la fortune des citoyens : l'acte additionnel ne dérogea point aux lois de la conscription et de la confiscation.

Voilà donc, ô Français, comment on pouvait décimer vos familles, ravir vos richesses, en vous disant que vous étiez un peuple libre ! Ainsi, comme en 1793, les mots étaient mis à la place des choses. Liberté, patrie, ces paroles magiques aveo lesquelles on voulait faire *vibrer vos ames*, ne perdaient-elles pas tout sens et toute réalité, quand on enchaînait vos bras, vos pensées, votre industrie ? De quels abus, de quels crimes ces mots sacrés de patrie, de liberté, n'ont-ils pas été les prétextes ? N'ont-ils pas trop long-temps servi à satisfaire à nos dépens le délire des passions (*a*) et les rêves de l'ambition (*b*) ? Tant que la liberté n'est que la licence et l'anarchie, les peuples sont les esclaves des factieux.

Enfin, par l'article 67 de son acte additionnel, Napoléon décéla sa pusillanimité furibonde, sa tyrannie sans bornes, et la conscience qu'il avait de l'illégitimité de sa cause. Cet article faisait défense à perpétuité « au Gouvernement, aux Chambres » et aux citoyens, de proposer le rétablis- » sement sur le trône d'aucun prince de la » maison de Bourbon, même en cas d'extinc- » tion de la famille impériale. »

Ainsi, cet homme qui avait tant proclamé la souveraineté du peuple, lui faisait le plus sanglant outrage en voulant

---

(*a*) La révolution française l'a prouvé.

(*b*) Napoléon en a été le plus monstrueux exemple.

l'anéantir pour le présent comme pour l'avenir. Il prétendait, tant il songeait à nous écraser et à nous traiter en serfs et en esclaves, faire taire à jamais le libre choix de la nation, qui plaçait ses uniques espérances et son irrésistible amour dans la dynastie de ses rois. Mais il a rendu, par cet excès de folie et de rage, un éclatant hommage à la vérité : il a prouvé qu'il n'était pas *le prince de la nation*, en étouffant la voix et la liberté de *la nation*, dont il redoutait les accens si diamétralement opposés à son usurpation.

Comment au surplus, en se mettant en état de rébellion contre le Gouvernement royal, Buonaparte ne s'était-il pas réservé à lui seul l'audace de soutenir la lutte, sans y engager les Chambres de sa création? c'est que son génie machiavélique s'était réjoui de cimenter par l'appareil d'un grand acte public une félonie sans exemple, afin de paraître dans les cabinets de l'Europe s'être revêtu d'une puissance légitime, lorsqu'il n'avait fait que braver avec des bayonnettes l'opinion publique des Français ; c'est que, par une satisfaction féroce, il avait voulu que, s'il échouait, ses créatures, ses adhérens et les autorités qu'il avait *imposées*, devinssent le jouet des événemens, et tombassent avec lui-même dans l'abyme qu'il avait creusé sous leurs pas.

Cependant les puissances de l'Europe, liées entre elles et avec la nation française par le traité de Paris du 30 mai 1814, s'étaient encore liguées ensemble à la nouvelle de l'invasion de Buonaparte, et par leurs déclarations du 13 mars et celles subséquentes, avaient mis hors la loi des nations l'infracteur des traités, l'usurpateur du trône restitué à la postérité des princes qui depuis huit siècles avaient régné sur la France.

Congrès de Vienne.
Ses actes touchant Buonaparte.

Mais il feignit d'être au-dessus des décisions du congrès de Vienne, et il osa offrir aux puissances de ratifier lui-même le traité de Paris, en leur demandant à ce prix de le reconnaître pour chef du gouvernement français. Ses ambassadeurs furent éconduits; on ne voulut pas même lire d'abord leurs dépêches. Par l'abdication de 1814, Buonaparte n'avait plus de caractère politique, et il avait démontré en rompant son ban qu'il n'y avait à jamais avec lui ni foi ni loi, ni paix ni trève. N'était-ce pas ainsi tendre aux Souverains alliés le piège le plus dangereux à leur sûreté et à leur indépendance, que de leur proposer de le reconnaître, c'est-à-dire, d'annuler au premier chef le contrat politique qui avait changé la face de l'Europe ?

L'expérience avait mis au grand jour l'ambition illimitée de Buonaparte, et sa feinte modération ne pouvait plus en imposer.

N'avait-il pas d'ailleurs, imprudemment pour lui et sa faction, soulevé le masque, lorsqu'en mettant le pied sur le sol français, il avait dit : *le congrès de Vienne est dissout ;* et lorsque déplorant la perte de ses conquêtes, et rémémorant de grandes batailles, il avait harangué l'armée et le peuple pour leur rappeler ce colosse de puissance qu'il n'avait pas su maintenir (11). Il avait osé, dans ces harangues, accuser la maison de Bourbon d'abaisser la France, lui qui avait mis notre belle patrie à deux doigts de sa ruine, tandis que le nom seul des Bourbons l'avait sauvée, et lui avait fait conserver parmi les nations le rang et l'attitude qui convenaient à notre caractère et aux trophées des armées françaises.

Les puissances continuèrent donc leur ligue sacrée.

Alors, le ton de jactance, de charlatanisme et d'insulte, redoubla dans les déclamations mensongères de Buonaparte. Il proclama qu'on n'en voulait qu'à l'indépendance de la France, et que l'on déguisait ce dessein perfide sous le prétexte spécieux d'une guerre directe contre sa personne.

Je ne sais, mais il me semble que ce sophisme prouvait jusqu'à quel point cet homme croyait à l'imbécillité des peuples, ou se moquait de leur jugement. En effet, s'il eût été possible d'admettre que ce fût la France et non Buonaparte qu'on menaçât, n'était-ce pas lui qui était venu mettre en danger notre indépendance ? n'était-ce pas lui qui, troublant *par sa présence* la paix et la sécurité dans l'intérieur, et nos relations amicales à l'extérieur, nous avait apporté la guerre civile et la guerre étrangère ? n'était-ce pas lui, enfin, qui, par un attentat inouï au repos et aux garanties dont nous jouissions à peine depuis une année, aurait voulu nous voir tous, à son exemple, agiter les brandons de la discorde, et fouler aux pieds la religion des sermens ?

4

Ce système de démoralisation, propagé par ses partisans, avait pu égarer des gens faibles, crédules et peu instruits, et ces hommes qui n'ont pour guide que l'intérêt du moment dès qu'il se lie à la conservation de leurs places, de leurs richesses ou de leurs honneurs, et sur lesquels la crainte, les mensonges ou les promesses ont une influence plus ou moins active. Mais la majorité des Français a été sourde aux menées de la sédition, et a gardé sa foi et son honneur. La masse de la nation a réprouvé Buonaparte : une foule de départemens, à l'exemple de celui de la Vendée, ont pris les armes contre lui ; les autres ont gémi sous la verge de ses licteurs, mais en demeurant inaccessibles aux aberrations du langage impérial.

Telle est l'impartiale vérité : elle donne la mesure des choses, et montre le contraste des temps.

De Louis XVIII

Louis XVIII, l'un des monarques les plus éclairés de l'Europe, bon, juste, humain, affable, et AMI DE SON PEUPLE, avait PARU et avait gagné tous les cœurs français. Avec une sagesse royale, avec les sentimens de père de ses sujets, il avait séparé

l'ivraie du bon grain , maintenu les institutions utiles , consacré les titres de gloire ,
et adopté les lois mûries par les hommes
d'Etat. En peu de mois , le Roi avait régé-
néré le bien , tari les inquiétudes des mères
éplorées , retrempé la bonne foi publique ,
rouvert les mers des deux mondes à l'industrie française , recouvré presque toutes
nos colonies , assis la morale sur l'exemple
de ses vertus , et diplomate non moins
habile que plein de dignité , il faisait res-
pecter la France dans les conseils des Rois.
Louis XVIII , l'olivier à la main , était
devenu le garant de la paix du monde ;
et son absence du royaume , après le 20
mars , fut publiquement pleurée par la saine
partie de la nation , c'est-à-dire , par plus
de dix millions de citoyens.

Buonaparte , usurpateur , teint du sang De Buonaparte.
royal , affectant la supériorité des talens ,
mais ne possédant qu'un génie fatigant et
ambitieux qui ne savait ni où ni comment
s'arrêter , despote injuste , implacable (*a*) ,

––––––––––––––––––––––––––––––––––––

(*a*) Parmi une foule d'exemples , je citerai le
suivant : M. de Saint-Cricq , capitaine de vaisseau ,
l'un des plus braves officiers de la marine fran-

ombrageux , sans courtoisie , et N'AIMANT
QUE LA GUERRE , REPARUT , et ne rap-
pela que l'œuvre de la dépopulation , que
l'image des malheurs domestiques , que la
désolation du genre humain : car les mo-
numens des arts , les canaux et les routes
qu'on lui devait , avaient été longuement
achetés des sueurs des peuples , et chacun
de ses triomphes avait affaibli la liberté
publique. Cet homme , d'une prodigieuse
activité d'imagination , ne cédait qu'à ses
caprices , à ses emportemens belliqueux ,
créait pour détruire, détruisait pour recréer,
avilissait pour récompenser , méprisait tout
ce qui n'émanait pas de lui , et absorbait
sous son nom les méditations d'autrui (12).
Il était le vampire de la gloire de ses généraux , et rejetait sur eux , dans des bul-
letins imposteurs , les fautes grossières de
son aveugle entêtement, de sa volonté de fer.

çaise , avait été l'une des victimes de Buonaparte.
La vraie justice et la morale avaient, dès l'ar-
rivée du Roi , déchiré la sentence inique de la
tyrannie. Après le 20 mars, l'un des premiers
actes de Buonaparte fut de rétablir ceux de sa haine
et de son despotisme arbitraire. Le retour du règne
des lois a enfin vengé la société de tant d'affronts.

Impie, il n'avait rétabli la religion que pour en faire un instrument à son usage, en faisant brûler l'encens des autels et prosterner la jeunesse devant son idole (13); et après avoir obtenu les marques les plus insignes, les plus inconcevables de la condescendance du souverain Pontife, il l'avait renversé de la chaire de Saint-Pierre, et abreuvé d'opprobres et d'humiliations, durant six ans de captivité. Sa politique, qui n'avait pour base qu'une guerre éternelle (14) et une profonde duplicité (15), l'avait mis en horreur chez toutes les nations du monde (a). Son départ en 1814 avait levé le crêpe funèbre qui couvrait la France ; son retour l'étendit de nouveau sur elle.

Cet homme trop fameux par le rôle qu'il avait joué si cruellement dans l'Europe, voulut encore, après l'avoir quitté, s'efforcer de le reprendre au mépris de la sentence des nations assemblées, et contre l'assentiment moral de la généralité des

---

(a) Mes forces se bornent à cette esquisse historique : il n'appartient qu'à une plume célèbre comme celle de M. de Châteaubriand, de donner le portrait achevé et frappant de l'homme justement nommé le *Génie du mal.*

Français : il se donna une dernière fois en spectacle à l'Univers.

La guerre re-commence.

Les armées des Souverains alliés s'avançaient : Buonaparte accéléra ses préparatifs de guerre. Il organisa des forces nombreuses en cavalerie, infanterie et artillerie. Après s'être entouré de l'élite des troupes et de plus de 3o,ooo hommes de sa garde, il entra en campagne le 14 juin, en s'écriant : « *Le moment est arrivé de vaincre ou de* » *mourir.* »

Rien ne put résister d'abord au choc impétueux et à la bouillante ardeur des soldats. Buonaparte, selon sa tactique habituelle d'aller témérairement en avant, fit une pointe hardie sur la Belgique ; mais quelques momens de victoires coûtèrent des flots de sang, et au lieu de ralentir d'un seul jour sa course meurtrière, il excita de nouveau au combat l'armée affaiblie et harassée de fatigues.

Les armées anglaises et prussiennes, commandées en chef par le duc de Wellington, à-la-fois le Bayard et le Turenne de la Grande-Bretagne, et par le prince Blucher, manœuvrèrent sur toutes les directions, et déployèrent une artillerie formidable. La terrible bataille du 18 juin fut livrée.

Jamais, selon les récits des témoins de cette bataille, désignée par les Français sous le nom de *Mont-Saint-Jean*, par les Anglais sous celui de *Waterloo*, et par les Belges sous celui de *Belle-Alliance*, le carnage et l'acharnement n'ont été poussés plus loin. La mêlée fut générale, et peu s'en fallut que Napoléon, qui y laissa ses propres équipages, ne pût trouver son salut dans la fuite. Son plan d'attaque compromit et perdit presque entièrement, en trois jours, une armée d'environ 150,000 hommes.

Pareilles combinaisons lui avaient valu autrefois à prix d'hommes la victoire dans vingt combats, alors que d'innombrables armées venaient remplacer celles qu'il avait sacrifiées.

Il parvint encore à fuir la mort, délaissa les restes de ses troupes, et arriva à Paris le 20 juin au soir. C'était ainsi qu'en Égypte, à Moscou, à Leipsick, il avait jadis déserté l'armée. Il était entré à Paris le 20 mars avec l'effronterie et l'espoir de l'impunité du crime; il y reve-

naît le 20 juin avec la honte et la pâle
et livide frayeur du châtiment.

Vues hostiles
de ses adhérens. On se demandera sans doute pourquoi,
après ce lâche abandon, les troupes se virent encore entraînées à combattre? c'est
que la frénésie et l'égoïsme monstrueux de
certains chefs continuèrent de les exalter :
tant on abuse des beaux noms de liberté,
de patrie, d'indépendance, pour mettre en
délire un peuple brave !

De quel droit, dira-t-on, ces chefs s'avi-
saient-ils de faire la loi à la nation entière ?
parce qu'ils voulaient, pour pallier leur
infamie, tenter d'y associer leurs concitoyens. Voilà dans quel dessein ils procla-
mèrent la calomnieuse assertion que la majorité de la France pensait *comme eux*,
tandis que cette majorité les désavouait, les
répudiait même comme Français ; tandis
que l'armée elle-même, qui doit être essen-
tiellement passive et obéissante, s'indignant
bientôt de servir sous leurs ordres et de
verser son sang inutilement, s'éloignait des
étendards levés au nom de la patrie contre
la patrie même. Et cependant ces hommes
forcenés eurent l'impudence de dire que
revenir sur ses pas, que revenir à la paix

de 1814, c'était signer *le testament de l'ar-mée*, lorsque c'étaient *eux seuls* qui, trop jaloux de la vie, trop égoïstes pour *signer le leur*, trop sanguinaires pour abjurer une coupable révolte, voulaient se faire un rempart des infortunés et crédules soldats qu'ils fanatisaient et condamnaient à être égorgés *pour eux*.

Revenons à la fuite de Napoléon. Ce guerrier exterminateur, qui se disait *l'homme des destinées*, n'avait jamais pu se tenir d'à-plomb à la hauteur de celles où les hasards, les crimes et le torrent de la révolution l'avaient élevé. Il avait été l'homme de la victoire, tant que de brillantes armées lui avaient cueilli des lauriers ; mais il n'avait pas su être l'homme de l'adversité, dès que les chances des combats lui avaient été funestes. Le sang-froid et les talens qui caractérisent le génie du véritable grand homme, lui avaient toujours été inconnus. Moreau (16), ce modeste et célèbre capitaine de nos annales modernes, conquérait l'estime du soldat, et conservait la confiance de la nation, même après une défaite ou dans une retraite : c'est qu'il était grand par lui-même, qu'il aimait sa patrie, et qu'il affectionnait le soldat. Mais Buonaparte ne fut exhaussé et grandi que par les évé-nemens : il ne chercha, au milieu des vagues qui battaient violemment le vaisseau de l'État, qu'à saisir malgré nous le gouvernail pour nous briser contre les écueils, et par un mépris systématique des hommes, il ne fut jamais avare du sang de ses soldats, immolés souvent à son impéritie et à ses calculs barbares.

Arrêté et déçu enfin dans ses calculs, et reculant devant les malheurs qu'il avait de nouveau provoqués contre la France, Napoléon, après les désastres de Mont-Saint-Jean, reconnut que l'orage grossi sur sa tête allait éclater et le livrer au peuple outragé, s'il s'obstinait à retenir les rênes du gouvernement et à voler encore au combat. Il abdiqua donc, le 22 juin, le pouvoir que, trois mois auparavant, rebelle heureux, il avait une seconde fois usurpé.

Abdication du 22 juin.

Il avait vu l'impossibilité d'arracher de nouvelles armées à la France, frémissante d'indignation ; car, sous le nom de bataillons actifs de gardes nationales, il avait épuisé ses ressources de conscription, et, sous les dénominations de *corps francs* et

Corps francs et fédérés.

de *fédérés*, il avait armé des bandes com-
posées en général de jeunes gens exilés de
leurs familles ou échappés de leurs colléges,
d'ouvriers ruinés et de vagabonds, qui,
par le désordre, le pillage et l'assassinat,
avaient dévasté les départemens, et ne mé-
ritaient pas le nom de militaires français.

Enfin, il avait entendu le mécontentement même de plusieurs de ses principaux
affidés, et il s'était hâté d'abandonner le
champ de bataille, faisant par-là à-la-fois
son procès et sa condamnation.

Comment a-t-il pu se trouver des flatteurs
assez déhontés pour établir, dans ces circonstances flétrissantes pour Buonaparte,
un parallèle entre lui et ces Romains à juste
titre si renommés, les Trajan, les Titus
et les Marc-Aurèle ?

Certes, ce n'était pas grandeur d'ame,
mais grandeur d'audace, que de colorer
cette seconde abdication du vernis des sentimens les plus héroïques pour le salut et
l'indépendance de la France, et d'oser proclamer son successeur dans la personne du
jeune Napoléon.

Examinons attentivement ces deux points.

Buonaparte voulait bien enfin reconnaître que c'était à lui personnellement qu'on faisait la guerre, et pour qu'elle cessât, il annonçait pompeusement que *sa vie politique était terminée.* Mais aussitôt il transférait de lui-même le commandement *à son fils.* Cela n'impliquait-il pas contradiction, puisqu'il avait été exclu à jamais, avec sa descendance et sa famille, de tout pouvoir en France ? Il le savait parfaitement ; mais il était bien aise, dans ses sinistres pensers, de mettre son fils en avant, pour laisser une pomme de discorde dans le conseil et dans les têtes de ses adhérens, et tirer ainsi vengeance de son abdication. Dans le préambule de cet acte, il s'était au surplus, d'une manière étrange, rendu authentiquement à l'opinion publique, en disant que *la réunion de tous les efforts et de toutes les volontés* en sa faveur n'existait point. Il se retirait dès-lors bien convaincu que, puisqu'il n'avait pu se relever lui-même, d'autres ne viendraient pas davantage à bout d'empêcher l'écroulement de l'édifice.

D'ailleurs, il n'aurait pu être admis à transiger, dans le cas où cela eût été possible, qu'en se replaçant sans restriction, sans condition, sous l'empire du traité de 1814. Hors de là, que ce fût au nom du fils ou des parens de Buonaparte que l'on stipulât, le même état de choses subsistait, c'est-à-dire, ce fils ou ces parens pouvaient-ils gouverner ? Mais, je le répète, cette question avait été décidée négativement par la France et l'Europe, et alors même que l'alliance avec l'auguste dynastie des Bourbons n'avait pas été contractée par les puissances. Or, cette alliance était devenue indissoluble : la nation française en majorité était restée solennellement fidèle à ce pacte, fondé sur les principes de cette morale éternelle, sans lesquels il n'y a que désordre, anarchie et bouleversement dans les Etats.

Aussi, ce n'avait été qu'un subterfuge et un artifice que Napoléon avait employés pour masquer la déloyauté de ses intentions, lorsqu'en se démettant de l'autorité il avait affirmé avec ironie que le vœu des puissances était explicitement rempli. Eh ! qu'avait représenté la personne de Napoléon ? l'établissement du gouvernement impérial. Or, du moment où ce gouvernement reconstruit par lui eût été cédé à son fils, ou à ses frères, ou à ses parens, c'eût été toujours le même édifice, toujours la même famille, toujours la même usurpation.

Conséquemment, les puissances s'étaient mises en harmonie avec les stipulations de 1814, en s'armant pour le maintien du traité exclusivement garanti à la maison royale des Bourbons.

Nous allons à présent jeter un coup-d'œil sur les Chambres formées par l'acte additionnel, c'est-à-dire, par le contrat de la rebellion.

Chambres des pairs et des représentans, établies par l'acte additionnel.

Nous nous demanderons d'abord de qui les soi-disant représentans étaient les mandataires ? ils l'étaient des individus qui avaient accepté l'acte additionnel, et qui formaient à peine, comme nous l'avons fait voir plus haut, la dixième partie de la population, si même il y avait eu exactitude dans l'inscription et dans le dépouillement des votes. Ainsi, voilà la minorité qu'on appelait la nation, quand les neuf-dixièmes des Français avaient refusé de signer ! On ne pouvait insulter plus effrontément au bon sens, à la liberté du peuple français. On crut sans doute en imposer par une réunion vraiment hétérogène de 15,000 électeurs. Mais ces hommes n'avaient-ils pas été nommés sous l'influence d'un conspirateur heureux, environné de bayonnettes pour comprimer l'opinion? mais avait-on craint de passer par-dessus toutes les formes et tous les principes, en faisant les élections à tort et à travers, sans que les colléges fussent en nombre compétent? mais enfin, et les électeurs, et les représentans, et les pairs impériaux, n'étaient-ils pas illégaux, puisqu'ils étaient reniés par les neuf-dixièmes de la France, cette immense et véritable majorité qui avait frappé d'anathème Buonaparte et son acte additionnel?

A l'époque du 22 juin, on sentit tellement, au premier abord, dans ces prétendues Chambres, que le régime impérial finissait avec son créateur, qu'à peine la démission de Napoléon obtenue, on exprima spontanément le vœu de former une assemblée nationale. C'était vouloir, par ce vœu, faire renaître une grande et monstrueuse erreur politique de notre histoire; mais c'était en même temps déclarer qu'on ne faisait aucun cas du successeur que se donnait Buonaparte, et avouer que le système de cet homme était incompatible avec la volonté nationale et la tranquillité de l'Europe. Ce ne fut que secondairement, après de violens débats, et sur les instances, les supplications d'une éloquence subreptice, que l'on revint à l'acte additionnel, mais avec l'arrière-pensée de se dégager bientôt de cette entrave, pour se replonger dans les abstractions des constitutions, et pour tenter d'opérer une commotion politique qui servît de sordides et ambitieux intérêts.

Commission de gouvernement. On nomma donc, pour exercer provisoirement le pouvoir exécutif, une *commission de gouvernement*, composée de cinq membres.

Séances des Chambres. Ainsi, ces Chambres illégitimes se hasardèrent à garder un rôle éphémère, sans réfléchir qu'il vouait les acteurs à la risée, au mépris, même à la vindicte de la nation et des alliés. L'amour-propre des uns, la faiblesse ou la rage des autres, la cupidité du plus grand nombre, voilà ce qui fut mis à la place du bien public, du véritable honneur, et du désintéressement que commande le sincère amour de la patrie.

Ces messieurs n'auraient-ils pas dû, pour sortir du cercle vicieux dans lequel Buonaparte les avait enfermés, aller offrir un hommage expiatoire au Roi magnanime vers lequel tous les bras étaient étendus, et s'empresser de rentrer dans la foule des citoyens, en abandonnant ces *chaises cu-rules* qui n'étaient point les leurs, pour se ranger à l'opinion publique, manifestée par les neuf-dixièmes de la France ?

Au lieu de cela, ils se sont acharnés, dans leur prétendue importance politique, à lutter contre l'opinion, et à profaner le sanctuaire des lois par de virulentes et in-cendiaires vociférations, qui, si leur mandat avait été légal, les auraient rendu indignes d'être les représentans d'un peuple généreux et policé (17).

Ils prétendirent, savourant la manie des innovations, réviser sur un nouveau plan et démembrer les constitutions de nos diverses périodes, et de leurs lambeaux incohérens habiller un fantôme qu'ils devaient inaugurer à la face du monde, en déclarant que le Souverain qui n'accepterait pas cette œuvre de leur génie, sans contredit malfaisant, se-rait méconnu *par eux*. Ils ne voyaient qu'*eux* effectivement, et non la *nation*, dans cet acte d'orgueil, de démence et d'usur-

Projet d'une nouvelle consti-tution.

6

pation. Car où était leur mission pour nous choisir un souverain et pour faire une constitution ? Leur existence émanait-elle de la nation ? le contraire avait été mathématiquement prouvé. Elle n'émanait uniquement que de l'acte additionnel, et elle était achevée, dès qu'ils annulaient cet acte pour lui substituer un contrat de leur façon, dès que même ils l'avaient déjà une fois enfreint, en publiant que la Chambre des représentans était inviolable et ne pouvait être dissoute. Ils singeaient dans leurs discours le sénat romain, lorsqu'ils n'en avaient ni les mœurs, ni la sagesse, ni la légitimité.

Revue de la charte du Roi.

Enfin, ces hommes, pour la plupart sans talens, ou asservis à de vils intérêts, ou flétris par leur réputation (a), que s'étaient-ils donc imaginés de faire de plus beau que la charte constitutionnelle, cette charte qui, méditée par un Prince éclairé, vertueux et observateur, chez une nation libre, et pen-

---

(a) Nous ne parlons qu'en général ; car les hommes de mérite et d'une conduite intègre, confondus malgré eux dans ces assemblées, seront toujours exceptés des reproches faits à l'ignorance, à l'incivisme, à la bassesse et à l'infamie.

dant les longs déchiremens de la France, est comme un jour serein qui succède à la tempête, et montre au navigateur égaré le port qui lui assure la fin de ses maux et une sage liberté ?

La charte offre le faisceau des idées saines et libérales, dispersées à travers les fluctuations de ces assemblées délibérantes qui ont enfanté au moins cinq ou six constitutions; et elle renoue la chaîne des temps anciens avec les temps modernes, en cimentant les bases de la monarchie française avec celles du nouveau droit public. La charte ne fut donc pas de nature à être discutée ou proposée à la sanction de la nation, puisque c'eût été faire une action rétrograde, que de remettre en théorème ou en exposition, des principes, soit anciens, soit nouveaux, dont la solution avait été fixée et consentie, principes qui, enfin, après une crise de 25 ans, se trouvaient co-ordonnés avec les lumières des temps et les besoins des peuples. Il n'était donc plus nécessaire pour le bonheur public et pour la morale, que de rattacher à notre contrat social cette physionomie de la durée, et ce crédit de la confiance, que porte

avec elle l'immutabilité des lois fondamen-
tales d'un Etat.

*Vice
des innovations.*

Mais les novateurs ne se plaisent qu'à
s'écarter des vérités positives, pour entraîner
dans des théories spéculatives que refuse
la pratique, et pour ébranler de fond en
comble les transactions sociales. Leur but
n'est que de tout déranger de place, parce
que le désordre est leur élément. Voilà où
mène leur prétendu génie inventif. L'expérience du passé serait perdue, si l'on n'arrêtait pas ce flux et reflux d'innovations (18).

*Conduite
des Chambres.*

C'était donc cette digue forte et salutaire
que les soi-disant représentans ne voulaient
pas voir élever contre eux, parce qu'elle
faisait écrouler l'ouvrage informe et monstrueux qu'ils travaillaient à édifier pour
l'adapter à leur position présente.

Ainsi, leur usurpation étant condamnée
par les vraies tables sacrées de la loi, ils
feignaient de les regarder comme abolies;
ils les rejetaient fièrement et avec dédain,
en se débattant dans l'agonie de leurs fonc-
tions scandaleuses. Buonaparte avait été
précipité du faîte de sa dictature, et ils
osaient être plus tyrans que lui, en décré-

tant une guerre nationale pour conserver une représentation illégitime.

S'ils avaient été de ces hommes justes qui ne sont mûs ni par les passions ni par l'appât des richesses, ils n'auraient pas, avec une cruelle insouciance de l'humanité, résolu de sacrifier à leur criminel entêtement des soldats dont les bras appartenaient à la patrie, et ne devaient être réclamés que par elle, si l'intégrité de notre territoire et notre honneur eussent été menacés.

Or, l'apparition des armées étrangères n'avait pas pour but de changer nos limites déterminées par le traité de Paris. Ces armées ne venaient chez nous, et on le savait très-bien, que pour faire tomber le système qui, depuis l'envahissement du 20 mars, compromettait une seconde fois notre indépendance, celle de nos voisins et celle même des peuples les plus éloignés. Est-ce que cette indépendance n'existait pas avant le 20 mars, sous la restauration de la monarchie royale de France? est-ce qu'elle ne nous était pas de nouveau garantie, parce que le Roi s'était placé le médiateur entre la France et les Souverains alliés ?

Eh ! qui donc, si nous n'eussions pas eu

cette médiation, avait mis la patrie en danger? qui avait fait moissonner sous le fer les Français à Mont-Saint-Jean, et ouvert une seconde fois nos barrières à l'étranger? qui nous avait isolé des autres nations? qui avait fermé tous les débouchés du commerce, interrompu tous les travaux, et, sous le faux titre d'*idées libérales*, avait suborné la jeunesse, inquiété les propriétaires, et renouvelé le *régime de la terreur?* n'est-ce pas ce même usurpateur du 20 mars, ce transfuge de l'île d'Elbe, que la munificence nationale avait naguère investi de sa confiance dans le commandement des armées, et qui l'avait ingratement et horriblement trahie, pour accaparer le pouvoir suprême, le convertir en une longue et assommante tyrannie, nous ravir l'estime de l'Europe, dissiper des milliards, et faire massacrer plus de cinq millions de Français? n'est-ce pas, enfin, celui qui, n'ayant jamais préféré la perte de la vie à celle de l'honneur, avait osé, en s'évadant, tenter de nous *imposer* son fils? Il nous demandait de la reconnaissance, lorsque c'était à nous à lui demander compte du sang de nos frères et des trésors de la France, et à faire justice de ses criminelles entreprises.

Qui ne frémira d'apprendre que, devant

ce tableau funèbre , on voulait encore se
faire illusion ? qui croira qu'après avoir
évincé Buonaparte , les apôtres de l'acte
additionnel devinrent ceux d'un pacte infernal ébauché à la hâte et au bruit du
canon ennemi , dans la vue d'avilir la
France aux yeux des nations , en calom-
niant son amour pour les fils de ses Rois ?
Ainsi parut cette déclaration ou ce prétendu
testament politique des soi - disant représentans , qui fait leur condamnation chez
les contemporains , comme elle la fera chez
les races futures. Voilà comment , sous le
manteau de la philantrophie et en se pa-
rant des noms de liberté et d'indépendance , on ne faisait autre chose qu'évo-
quer de son profond tombeau la sanglante
anarchie de 1793.

Du prétendu testament politique des représentans.

C'en était trop : la longanimité du peuple
français était lasse de l'audace de cette
tourbe factieuse qui n'avait revendiqué de
Buonaparte le commandement, que pour ren-
chérir sur son affreuse morale ; et l'on n'en-
tendit sur tous les points de la France
qu'un appel à la prompte justice du Roi ,
pour interdire ces assemblées qui avaient
osé porter une main sacrilége sur l'arche

sainte de notre alliance avec les plus augustes têtes couronnées de la terre.

Toutefois, nous le publierons avec une
douce consolation : plusieurs membres de
ces assemblées s'éloignèrent, et quelques-
uns (*a*) plaidèrent avec courage la cause
de la Nation en ne la séparant point de
son Roi. L'estime de leurs concitoyens leur
est acquise : ils ne les confondront pas avec
ces hommes qui se sont joués de l'opinion
publique.

Cependant les légions des Souverains alliés, après la bataille de Mont-Saint-Jean,
avaient marché sur la capitale. Le 28 juin,
les corps d'armée anglais et prussiens n'en
étaient qu'à peu de distance, et Buonaparte,
retiré à la Malmaison, n'était pas parti.
Sa présence donna des inquiétudes. Le bruit
courut que, révoquant sa seconde abdication comme il avait révoqué la première,
il avait proposé un plan de défense dont
il voulait diriger l'exécution. Cela n'eut
point lieu, et le lendemain 29, on fit con-
naître officiellement qu'il avait pris la route

Buonaparte se rend à Roche-fort.

(*a*) Sur-tout M. de Malleville fils.

de Rochefort, dans le dessein de s'embar-
quer pour les Etats-Unis d'Amérique.

Quel spectacle offrait au monde la fuite De sa conduite et de son carac- tère. de cet homme, qui, à deux époques aussi rapprochées, était rejeté de la France, frappé de la haine de l'Europe, et poursuivi par les malédictions des peuples et des armées, qu'il n'avait flattés que pour les tromper et leur faire perdre jusqu'aux plus nobles palmes de leurs victoires ! Il se sauvait, et, depuis les champs de l'Ibérie jusqu'à la ville antique des Czars, des millions de victimes humaines avaient été égorgées pour lui seul : il avait mis l'Europe en deuil. Eh ! que lui importait ? il vivait encore. Il se sauvait, et il ne jetait pas même derrière lui un regard de pitié et de repentir sur les maux affreux de son dernier séjour sur le sol de notre patrie : comme l'Ange des ténèbres, il ne regrettait que d'avoir échoué ; il ne regrettait que de n'avoir pu, en tombant, marcher sur les cendres fumantes de nos villes et de nos derniers hameaux ; il se félicitait, avec la joie du tigre, des traces hideuses qu'il laissait après lui ; et si, pour assouvir l'ambition la plus effrénée, on lui eût fait entrevoir qu'il pourrait mettre en feu le nouveau monde, un léger sourire aurait déridé son front.

Il est pris en mer par les Anglais.

Mais l'heure de cet homme funestement extraordinaire est marquée pour le repos du monde.... L'Europe a atteint le grand coupable : c'est au tribunal des nations à donner un grand exemple à la terre. *L'homme des destinées*, en s'élançant au sein de l'Océan pour échapper à la vengeance de la terre, est tombé dans la croisière anglaise devant Rochefort, et s'est rendu, le 15 juillet, au vaisseau le *Bellerophon* (19). Ainsi, c'est la nation britannique qui n'a jamais reconnu l'Empire de Buonaparte ; c'est la nation qu'il a le plus injuriée ; c'est la nation à qui il avait déclaré une haine éternelle, que le ciel a placée comme une barrière insurmontable entre l'ancien et le nouveau monde, pour fermer le passage à l'ennemi du genre humain.

La France est délivrée.

Séchons donc enfin nos larmes. La main vengeresse de la Providence ne s'appesantira plus sur notre patrie. Le despotisme militaire voulait nous faire reculer jusqu'à l'esclavage de la barbarie, et éteindre le flambeau des sciences, en entraînant, dès le printemps de leur âge, des générations

entières dans des caravanes sanglantes et
dévastatrices; mais toutes les nations assemblées sous les armes ont arrêté la course du
nouvel Attila, et l'étoile de nos Rois, sor-
tant radieuse et bienfaisante des nuages qui
nous l'ont par fois dérobée, a reparu pour
luire à jamais sur notre belle France et
sur cette capitale du goût et des beaux-arts,
deux fois sauvées et délivrées au nom des
fils du grand Henri.

Le 3 juillet 1815, comme au 30 mars *Convention militaire du 3 juillet.*
1814, la convention la plus honorable, la
plus sage et la plus heureuse pour l'humanité, a arrêté l'effusion de sang. Aussitôt
les divers corps de l'armée française, qui,
parvenus à se réunir autour de l'enceinte
de Paris, allaient, après plusieurs combats
partiels, en venir à une affaire générale,
et exposer la plus belle cité du monde à
l'incendie et au carnage, ont remis cette
cité à la foi des Souverains alliés, et se
sont retirés sur la rive gauche de la Loire,
choisie pour la limite entre les armées
françaises et étrangères.

Dès le 22 juin, Louis XVIII, notre *Retour du Roi.*
bien-aimé Roi, était parti de Gand et
s'était avancé vers Paris, avec sa cour et

ses gardes fidèles : à son approche, l'Europe avait respecté la capitale de la France, et avait consenti de poser les armes par-tout où l'on se soumettrait à l'autorité du Roi, par-tout où l'on arborerait loyalement la bannière des lis et la cocarde blanche, véritables couleurs nationales des Français depuis des siècles.

Des lis et de la cocarde blanche

La cocarde tricolore et les aigles ont été les emblèmes de la République et de la domination de Buonaparte ; mais la République et Buonaparte cessant enfin de nous maîtriser, c'est le signe de ralliement et d'union existant sous les Rois de France, qui redevient celui de la nation, au retour des descendans de ces Rois. Rien sans doute de plus conséquent. Ainsi, de même que Buonaparte, étranger à la famille de nos Rois, n'avait pu faire flotter dans ses mains le drapeau sans tache, parce qu'il dut adopter les couleurs du temps, qui enfantèrent sa puissance ; de même les augustes fils de nos Rois ne pouvaient, à côté du panache du grand Henri, attacher la cocarde de la République et de Buonaparte, dont ils ne tenaient pas la couronne : ils la tiennent de la nation française, qui a salué du nom de Rois leurs ancêtres vertueux et célèbres, et qui, après une longue fermentation révolutionnaire, a couru chercher le salut à l'ombre et sous l'égide de son antique monarchie, qu'elle ne pouvait reconnaître qu'avec les belles couleurs de son antiquité.

Dès-lors la valeur française, toujours égale à elle-même, sous l'ère de la République comme sous celle de la dynastie de nos Rois, sous les étendards du moderne Genseric comme jadis sous ceux des Condé et des Turenne, était appelée à se replacer glorieusement, avec les destinées de la France, sous la bannière des lis. *De l'armée.*

Malheur aux hommes qui, ternissant et leurs lauriers et le nom de Français, voudraient se séparer de la cause commune par une fausse lueur de célébrité, par un coupable entêtement dans un système odieux au monde, ou par la passion des maux de la guerre! rebelles alors au gouvernement de leur pays, et échangeant le noble métier des armes contre l'infamie du brigandage, ils expieraient bientôt honteusement leurs crimes sur le sol de la patrie, qu'ils voudraient couvrir de débris, de cendres et de cadavres. *Des perturbateurs.*

La clémence du Prince ne peut nuire à la justice qu'il doit à ses sujets ; et si l'on pardonne à l'erreur , on ne pardonne pas aux traîtres et aux factieux, soldats ou citoyens de toutes les classes , qui, rêvant de nouvelles convulsions et le désordre, deviennent les ennemis de l'Etat et les perturbateurs du repos public : de tels hommes doivent être punis selon toute la rigueur des lois.

Le temps est venu où la hardiesse du crime doit trembler devant le regard de l'honnête homme.

Louis XVIII a reparu parmi nous, et l'amour du bien a épanoui tous les cœurs français : le mal s'est caché sous les remords ou dans les ténèbres. Ainsi, l'on a vu ces Chambres profanes et incendiaires , qui, depuis le 22 juin sur-tout, avaient exhalé le fiel de leurs passions , se dissiper comme ces brouillards qui , à l'aurore d'un beau jour d'été , se fondent aux doux rayons du soleil.

Dissolution des Chambres.

Rétablissement de l'ordre.

Au nom du Roi, tout est rentré dans l'ordre , chaque chose a repris sa place, et la plus libérale comme la plus majestueuse des constitutions , qui sera l'un des plus beaux titres de gloire de Louis XVIII dans la postérité, est venue rasseoir les pouvoirs légitimes et le bonheur public.

Le Roi s'est montré, et Paris et la France ont été sauvés du glaive des nations. Le carnage, les dévastations de notre territoire, voilà ce que des peuples ennemis, usant du droit de la force et de représailles, nous auraient apporté : mais ces peuples sont devenus les amis de la France, parce qu'ils étaient les amis du Roi qui s'est interposé entre la France et l'Europe. Le sang français avait coulé par l'ordre de l'usurpateur, et il a commencé à ne plus couler dès que notre Prince légitime a reparu, dès que l'usurpateur et sa faction sont rentrés dans le néant.

Pour la seconde fois, Louis XVIII est le SAUVEUR de notre patrie, de notre honneur, de notre indépendance, parce que son trône est le véritable *palladium* de l'honneur, de l'indépendance et des droits de la Nation française ; parce que son grand caractère et son loyal génie commandent l'estime des Monarques de l'Europe ; parce que le sang royal de Saint-Louis, de Henri IV, de Louis XIV, coule dans ses veines, et s'identifie avec nos mœurs, notre gloire et notre félicité.

De quels concerts harmonieux de bénédictions, la France, délivrée du joug usurpateur le plus tyrannique, ne doit-elle pas faire à jamais retentir les airs, à la vue de ce bon Roi magnanime, de ce père de la patrie, qui, cicatrisant nos plaies politiques, est venu assurer la majesté du diadème avec la noble existence de la Nation !

Sa marche depuis Gand. Quel beau sujet pour l'histoire et les beaux-arts, que ce moment où l'heure de notre délivrance ayant sonné, le Roi a franchi les frontières du Nord, et a vu les populations entières des villes et des campagnes se précipiter sur ses pas, pour le ramener en triomphe jusque dans la capitale du royaume !

Sa rentrée à Paris. Sentimens de la Nation. Quel jour à jamais mémorable, que celui du huit juillet, où Louis-le-Désiré, *véritablement porté* par l'amour du peuple français, a fait dans Paris sa rentrée solennelle (*a*), au milieu des libres et éclatans transports de joie et d'enthousiasme d'une

(*a*) A quatre heures après-midi.

immense population , accourue toute entière autour de son Roi adoré ! Mais si
l'éloquence la plus habile ne rend qu'im-
parfaitement les émotions et les plaisirs du
cœur , combien notre plume serait trop
faible pour décrire cet élan d'attendrissement que le nom de Louis a inspiré !
Que du moins notre cœur, qui sait sentir
comme celui de tous les bons Français,
dise qu'il brûle avec ivresse d'un impéris-
sable amour pour l'immortelle et illustre
famille de nos Rois !

Eh ! quel triomphe plus beau pour un
Roi , que l'amour de son peuple ! Lorsque
cet amour éclate , lorsque le nom du Prince
vole avec respect de bouche en bouche
pour raconter et ses vertus et ses bienfaits ,
c'est que le Prince est vénéré et chéri ,
c'est que la Nation ne voit de splendeur
réelle, de tranquillité et de bonheur , que
dans le règne auguste de sa bonté céleste.

Tel est le tableau présent de la France,
sous un Prince , les DÉLICES de son peuple,
le JUSTE du siècle, et le patriarche de la
sagesse des Rois.

Durant cent jours d'asservissement, la

France, triste, morne, silencieuse, fut comprimée par les cris discordans d'hommes infâmes, pervers ou égarés ; mais aujourd'hui délivrée, elle lève de nouveau vers le trône de Louis des yeux mouillés de larmes d'amour et d'admiration, en y fixant les espérances d'un avenir prospère et réparateur de nos longues calamités.

Quels doivent être les vœux des Français ? — Si les trois mois de l'usurpation du 20 mars 1815 ont ramené dans la France la coalition de 1814, et les malheurs de la guerre, et ceux inséparables du séjour de nombreuses armées étrangères ; si les souffrances de la patrie sont grandes et nos sacrifices immenses dans la pesante balance des charges de la guerre ; si notre résignation doit être forte et sublime, que cette grande et terrible leçon soit la dernière dans notre histoire !

De la Révolution. — Que nous et nos neveux ne venions jamais à oublier à quels excès et dans quels périls des hommes frénétiques, liberticides et immoraux, ont poussé et entraîné la révolution d'un peuple qui ne voulait, selon le cours des temps et des lumières, que des perfectionnemens dans ses institutions, et non le renversement de fond en comble de ces mêmes institutions, par l'ébranlement de la dynastie française !

Que tous les partis qui se sont déchirés les uns les autres, se confondent et se réunissent noblement sous le seul nom de l'unique parti qui eût dû et doit constamment dominer, celui de la patrie, d'où émanent l'amour du bien, l'obéissance aux lois, et la fidélité au Souverain légitime dont les pères ont de siècle en siècle régné sur les nôtres !

Si quelques hommes encore endurcis dans le vice, comme ces athées qui ne contemplent les merveilles du ciel que pour en méconnaître l'auteur, se refusent à se convertir au bien, qu'ils soient repoussés du sein de la patrie qu'ils blasphèment, et dénoncés à la vengeance des lois qui doit frapper les ennemis du repos public !

Au jour de la restauration de 1814, la promesse de l'oubli du passé a été formelle, et n'a pas eu, comme elle ne peut l'avoir, d'effet rétroactif. Mais les individus qui, depuis cette époque et dans la conjuration du 20 mars, se sont plus ou moins associés à la rebellion et prostitués à l'usurpateur, sont devenus des coupables qu'il faut punir, ou des êtres dangereux qu'il faut écarter.

Que de même on ne voie plus dans
l'administration de l'Etat, de ces hommes
versatiles et séditieux, qui, en 1814, con-
servés dans leurs places ou comblés des bontés
du Roi, se sont, avec la plus noire in-
gratitude et la passion du crime, mon-
trés les adhérens de la conjuration du 20
mars ! Leur accorder l'impunité, ce serait
dévier de la morale, de la justice et de
l'honneur ; ce serait mettre sur la même
ligne des traîtres et des prévaricateurs avec
l'homme d'Etat et d'épée, le magistrat et
le fonctionnaire, fidèles et courageux, qui
ont bien mérité de la patrie et du Roi.

Ceux - là seuls qui n'ont été égarés que
par faiblesse, et qui, sans être imbus du
vice, n'ont plié que sous les menaces et
le despotisme de l'usurpateur, avaient droit
à l'indulgence. Le Roi, dans sa déclaration
de Cambrai du 28 juin, a effacé leur erreur par la plénitude de sa clémence.

La tranquillité de la France et de l'Europe ne réclame donc que la punition de
cette horde de gens cruels, qui, se faisant
un jeu de tourmenter vingt-huit millions
de Français et de braver les nations étrangères, ont été les auteurs et les instigateurs

de la trame horrible, dont le succès, prolongé encore quelque temps, eût, comme jadis, menacé et asservi toutes les monarchies et toutes les républiques, depuis les colonnes d'Hercule jusqu'aux rives du Borysthène, depuis les montagnes de la Suisse jusqu'au fond des Calabres, et depuis Rome jusqu'aux bouches du Cattaro.

Que l'on ne s'y trompe point : c'est ce système désorganisateur des nations que voudraient perpétuer, même après la chute de Buonaparte, et ses adhérens et les hommes qui ne se complaisent que dans les révolutions. Mais le congrès des puissances européennes est debout, pour sévir avec une inexorable justice contre ces monstruosités politiques ; mais il faut que la France, dégagée aujourd'hui des liens de la terreur et du despotisme, ôte avec vigueur et à jamais aux factions tout moyen de pervertir et de remuer les peuples. C'est à la Chambre légale de nos députés actuels à montrer que la Nation française est digne de conserver l'illustration de la dynastie de ses Rois.

Eh! qui pourrait d'un œil sec envisager ce qu'a coûté à l'humanité l'expérience de vingt-cinq années d'agitations ! Qui ne fris

Leurs desseins.

De l'expérience
du passé.

sonnerait de se retrouver sur les écueils de la mer orageuse, où la barque de l'Etat, prête à faire naufrage, n'a été sauvée que par miracle !

De l'état présent des choses. Remèdes contre le mal.

Mais quel est le véritable Français, quel est l'homme, de quelque nation qu'il soit, s'il est l'ami de son pays, que ces images du passé ne pénètrent d'horreur ? Ceux-là donc seuls qui n'ont point de patrie, d'honneur et de famille, parce qu'ils rapportent tout à l'égoïsme des passions, voudraient persévérer dans une lutte anti-sociale : que l'on imprime sur eux le sceau de la réprobation, et que, selon le degré de leur crime, qui est celui de lèse-nation, ils soient frappés des peines qu'il emporte dans le droit public de tous les Etats ; car le délire révolutionnaire, tout en sapant le repos de la France, a été encore, sous le nom de liberté, éveiller à l'anarchie les peuplades les plus lointaines. Cette révolution fut celle de la démagogie de la République, celle de la tyrannie militaire de Buonaparte jusqu'en 1814, celle de la nouvelle usurpation du 20 mars 1815, qui nous a signalé les adhérens de ces divers régimes. Ah ! que la trop longue période de cette révolution soit finie pour l'honneur du 19.ᵉ siècle ! que l'on voie s'évanouir enfin devant le vrai flambeau de la raison, jusqu'aux dernières étincelles de ces météores trompeurs, qui n'ont paru sur l'horizon politique que pour nous aveugler et nous égarer, comme ces feux-follets qui écartent le voyageur de la route qu'il devrait tenir !

Le jour de la morale est arrivé et doit consoler la terre en bannissant la licence et l'anarchie. La loi de bonheur et de liberté nous a été donnée par le meilleur des Rois. La noble énergie de la Nation française ne sera plus en proie aux rêves d'une folle et féroce ambition. Il ne sera pas dit qu'un peuple brave, éclairé, sensible et généreux, n'ait pas aspiré à ce beau et premier caractère de la grandeur, qui fait préférer à des victoires et à des conquêtes passagères l'unique et solide amour du bonheur intérieur, de la prospérité et de l'indépendance de la patrie. Notre gloire doit résider dans cet esprit national : avec l'immortelle devise, LE ROI ET LA FRANCE, la Nation sera toujours grande, forte et indépendante.

De la morale publique et de l'esprit national.

Qu'ainsi le gouvernement de la royale

De la marche du gouvernement.

dynastie des Bourbons , adopte et consacre à jamais, jusque dans ses plus extrêmes ramifications, une marche sûre , franche et invariable, par le concours d'un dévouement sincère et éprouvé , du patriotisme éclairé , et des talens unis aux vertus et au courage !

Des Souverains alliés. Qu'enfin les magnanimes Souverains de l'Europe, auxquels nous avons présenté le noble hommage de notre reconnaissance (20), trouvent dans la stabilité de notre existence politique la garantie de leur alliance !

De la paix. Ses bienfaits. Louis XVIII a été rendu à nos vœux, et avec le Roi, la justice, la morale, la vraie liberté , sont revenues habiter la France : l'équilibre des Etats Européens a été fixé, l'intégrité de notre territoire affermie, la paix consolidée. Une confédération universelle va désormais resserrer entre les peuples les liens sociaux , rétablir les échanges du commerce des deux Mondes , et faire revivre les louables rivalités de l'industrie, des beaux-arts et du génie.

———————

(69)

<hr>

NOTES.

(1) Né à Ajaccio, en Corse, le 15 août 1769 ;
admis en 1777 à l'Ecole militaire de Brienne,
en Champagne ; nommé officier d'artillerie au ré-
giment de la Fère, en 1789 ; fait général de bri-
gade au siège de Toulon en 1793, et à 26 ans
général en chef de l'armée d'Italie.

(2) Le 30 floréal an 6 (19 mai 1798), l'es-
cadre de l'expédition mit à la voile de Toulon ;
le 23 prairial, on se rendit maître de Malte, et
le 13 messidor, on entra dans la rade d'Alexan-
drie. Des batailles meurtrières et des marches
pénibles à travers les sables brûlans du désert,
signalèrent le courage des Français. Des savans
partagèrent les périls et les fatigues de l'armée,
pour faire d'utiles et intéressantes découvertes. Si
la prudence eût dirigé les calculs du chef de l'expédition, la conquête de l'Egypte eût été de la
plus haute importance pour la politique et le dé-
veloppement de la civilisation ; mais Buonaparte
ne concevait que les projets d'une ambition per-
sonnelle, et quand ses agens lui eurent frayé les
voies, il s'éclipsa de l'armée d'Egypte le 7 fruc-
tidor an 7, sans que le sort de cette armée le
touchât, sans la prévenir de son départ. On cite
deux traits affreux de sa conduite en Egypte : il

fit empoisonner les malades français dans l'hô-
pital de Jaffa, et mitrailler ses prisonniers en
levant le siège de Saint-Jean-d'Acre.

(3) Louis-Antoine-Henri de Bourbon, duc
d'Enghien, né à Chantilly près Paris le 2 août
1772, digne petit-fils du grand Condé, fut enlevé d'Ettenheim, électorat de Bade, le 15 mars
1804, et transféré, le 20, à Vincennes, où il
fut fusillé, vers minuit, dans les fossés de la
partie orientale du château. Murat et Savary pré-
sidèrent à l'exécution, ordonnée par ces mots infâmes que Buonaparte écrivit au bas de la lettre
que les juges de la commission militaire lui avait
adressée : *Condamné à mort.*

(4) La Hollande, la Westphalie, Naples,
l'Espagne, l'Italie et d'autres Etats, avaient été
courbés sous son autorité. Ses frères et ses parens,
en administrant les royaumes, principautés et
duchés qu'il leur distribuait, n'étaient que ses
préfets d'un ordre supérieur. Il avait, en 1813,
tenu le propos atroce que dans dix ans sa dynastie serait la plus ancienne de l'Europe : ainsi
la gloire conduisait à la mort des millions de
victimes d'un projet infernal.

(5) Traité entre les puissances et Napoléon,
conclu à Paris le 11 avril 1814.

(6) Quelle différence de ces votes innombrables et véridiques, avec la faible liste de ceux
qui ont été arrachés par l'astuce de l'usurpateur !

(7) Buonaparte ne put cependant s'empêcher de maintenir jusqu'à plus de 1300 décorations de la Légion d'honneur, accordées sous la restauration.

(8) Indépendamment des conquêtes qu'on promit à l'armée, on lui fit accroire que l'ex-empereur s'était ménagé de puissans alliés, et que l'archiduchesse Marie-Louise et le jeune Napoléon allaient revenir en France.

(9) Lors du congrès de Prague, en 1813, on proposa à Buonaparte de se replier sur le Rhin, pour préserver la France d'une invasion : il répondit à cette ouverture par un mouvement de son naturel emporté et incorrigible. Il avait les mains croisées derrière le dos et la tête inclinée : il releva tout-à-coup sa tête, et lançant violemment ses deux mains en avant, comme pour dire : *Le sort en est jeté*, il se mit à marcher à grands pas, sortit brusquement des jardins du palais Marcolini où il venait d'avoir l'entretien, et donna sur-le-champ des ordres pour la reprise des hostilités. Ainsi cet homme, ne sachant que s'agiter et remuer les peuples, confiait tout au hasard, qui était sa divinité. Il ne voyait dans les hommes que des *quantités à dépenser*.

(10) Qui ne sait d'ailleurs que les rubriques de Buonaparte pouvaient faire remplir des registres de signatures, dès qu'aucune mesure n'était prise pour en constater l'identité. Il me suffira, pour le prouver, de dévoiler une méprisable su-

percherie que des témoins oculaires m'ont affirmé avoir vu mettre en pratique en 1804, lorsqu'il s'agissait de voter sur le titre d'Empereur.
Des émissaires furent envoyés dans toutes les écoles
publiques et les pensions particulières, pour faire
signer l'acceptation sur des registres *ad hoc*, à tous
les élèves qui savaient écrire. On ne les instruisit
même pas du véritable but pour lequel ils don-
naient leurs noms ; on leur fit croire que cette
opération devait servir à former des listes pour
l'admission, soit au Prytanée, soit dans la marine, soit dans d'autres écoles spéciales. Ainsi,
des jeunes gens qui n'étaient point aptes aux actes
de l'état civil, des enfans signèrent pour leurs
pères. Cela n'empêcha pas que dans la même ville,
dans le même village, ou à dix lieues comme à
cent lieues plus loin, les pères, les frères de ces
enfans ne fussent invités à signer sur d'autres registres, en sorte que le même nom se répéta jusqu'à six, sept et huit fois. Cela faisait nombre :
c'était tout ce qu'il fallait.

(11) On a même pu remarquer que, dans
le protocole de ses premiers décrets, il fit suivre
son titre d'empereur de ces trois signes, *etc.*, *etc.*,
etc., comme pour faire souvenir de ses titres passés :
Roi d'Italie, *Protecteur de la Confédération du
Rhin*, *Médiateur de la Confédération suisse*.

(12) Ainsi le Code civil, fruit des travaux
des hommes d'Etat, avait été nommé *le Code
Napoléon*.

(13) Des chants et des sacrifices religieux, des panégyriques adulateurs, furent commandés impérieusement pour célébrer les violences et les succès sanguinaires de cet homme qui, dans son vertige, se disait *le dieu de la guerre.* Les ministres du culte catholique furent de plus obligés de recevoir un Catéchisme dont l'un des dogmes était : *l'amour de Napoléon, de sa famille, et l'obéissance aveugle à ses volontés* (7.e leçon). Avec cette doctrine, la jeunesse perdait peu-à-peu toute idée de morale, tout principe de goût pour les sciences et les arts, et tout amour pour ses parens et la patrie, parce qu'elle n'avait devant les yeux qu'une soumission passive à un maître absolu, que la conscription, que la licence des camps, que des guerres lointaines.

(14) Il avait, par l'effroi de ses armes, forcé des princes à subir son arrogante domination ; et ce fut pour arrêter la fureur du vainqueur et sauver l'Autriche, que l'archiduchesse Marie-Louise se dévoua, s'offrit en sacrifice, en donnant sa main au tyran du monde.

(15) On sait par quels manéges hypocrites et abominables se consomma le crime de l'enlèvement de la famille royale d'Espagne et du pape Pie VII. Je suis allé à Rome pendant l'absence de ce vénérable Pontife, et je me rappellerai toujours qu'au premier mouvement de surprise et d'admiration que j'avais éprouvé à la vue des chefs-d'œuvre de la basilique de Saint-Pierre et du palais du Vatican, succédèrent aussitôt dans mon ame une profonde rêverie et le recueillement de la douleur, en songeant que je marchais sur le parvis où l'auguste Chef de l'Eglise avait imprimé ses pas, et d'où la persécution la plus sacrilége l'avait arraché.

(16) Les talens illustres et le beau caractère de Moreau excitèrent la haine de Buonaparte, qui le fit impliquer dans le procès abominable de Georges et de Pichegru. Il eût voulu le faire périr avec eux ; mais il craignit un mouvement populaire, et il le condamna à un bannissement perpétuel. Pourquoi la faux de la mort nous a-t-elle, en 1813, enlevé dans Moreau le plus vertueux des généraux et le véritable ami de son pays.

(17) On eut, à la tribune, l'indécence de donner l'épithète de fou et d'insensé à l'un des membres de la Chambre des représentans (M. de Malleville fils), qui s'était montré le plus sage de ses collègues, en voulant dessiller leurs yeux et en partageant avec franchise l'opinion publique.

(18) Lorsque des améliorations réelles sont aperçues, rien de plus juste qu'après les avoir mûrement délibérées elles soient mises en circulation et viennent modifier le pacte constitutionnel ; mais en cela même il convient, comme l'a exprimé le Roi lui-même, qu'on se rapproche le plus possible des *formes précédemment en usage,* et que sur-tout l'on ne touche point aux bases sacramentelles du contrat.

(19) On rapporte qu'un personnage de la plus haute distinction, écrivant d'Angleterre à un auguste prince de sa famille pour lui annoncer cette capture, a dit : *La fable vient de se réaliser : la Chimère est au pouvoir de Bellerophon, et cette fois elle ne lui échappera plus.* On sait que la Chimère était un monstre effroyable qui vomissait des fables. Buonaparte tenta trois fois, dans un frêle esquif, de regagner le port ; mais se voyant également surveillé avec rigueur du côté de terre, il se rendit avec toutes les personnes de sa suite au vaisseau anglais *le Bellerophon* ; il passa le 6 août à bord du *Northumb. rland* , qui fit voile pour Sainte-Hélène, petite île située dans l'Océan-Atlantique, à plus de 2000 lieues de l'Europe.

(20) C'est le 10 juillet 1815 que LL. MM. les Empereurs de Russie et d'Autriche et le Roi de Prusse sont arrivés à Paris.

FIN

A ORLEANS, de l'Imprimerie de GUYOT aîné, rue des Trois-Maries, N.º 19.